Paul Posener:

Grundriss

des gesamten

deutschen Rechts

in Einzelausgaben

17. Band:

Zwangsvollstreckung.
Konkurs.
Freiwillige Gerichtsbarkeit.

J. J. Heines Verlag.
Berlin.

Preis 90 Pf.

Grundriß
des gesamten
deutschen Rechts
in Einzelausgaben
von
Paul Posener.

17. Band.

Militärrecht.

Berlin 1900.
J. J. Heines Verlag.

Abkürzungen

der geltenden Gesetze. (Die früheren Gesetze werden regelmäßig vollständig genannt.)

B = Bürgerliches Gesetzbuch.

C = Strafprozeßordnung. (C von Carolina!)

E = Einführungsgesetz zu —.

G = Gerichtsverfassungsgesetz.

H = Handelsgesetzbuch.

L = Landesrecht.

M = Militär- —.

MC = Militärstrafgerichtsordnung.

MS = Militärstrafgesetzbuch.

RV = Reichsverfassung.

S = Strafgesetzbuch.

VU = preußische Verfassungsurkunde.

W = Wechselordnung.

Z = Zivilprozeßordnung.

Die folgende Zahl giebt den Artikel oder Paragraphen an.

Vorwort.

Die Darstellung des Militärrechtes unterscheidet sich von den anderen Bestellungen meines Grundrisses durch den Stil und die Anlage: ich will hier nicht nur dem Juristen nützen, sondern ganz besonders den Militärpersonen, denen eine kurzgehaltene Uebersicht über die umfangreichen Gebiete des Militärstrafrechts, des Militärstrafprozesses, des militärischen Disziplinarstrafrechts erwünscht ist. Die Prozeßreform, welche ja nur den Anfang für die Entwickelung eines wissenschaftlichen Militärrechtes bedeuten kann, hat die Augen aller Deutschen, darum wohl auch der Juristen, auf dieses reichhaltige Rechtsgebiet gelenkt. Wäre sie nur eine Mahnung für beide Teile: für die Juristen, von den Prüflingen ab und zu auch militärrechtliche Kenntnisse, wenn auch nur die einfachsten — zu verlangen; für die Militärs, den Zusammenhang des Militärrechtes mit dem bürgerlichen Strafrechte zu pflegen. —

In der zweiten Abteilung meines Grundrisses gehen diesem Bande voran: 8. Gerichtsverfassung, 9. Zivilprozeß, 10. Zwangsvollstreckung und Konkurs, 11. Staatsrecht und Verfassungsrecht, 12. Verwaltungsrecht, 13. Völkerrecht und internationales Recht, 14. Kirchenrecht, 15. Strafrecht, 16. Strafprozeß.

Die erste Abteilung enthält das bürgerliche Recht: 1. Allgemeiner Teil, 2 Recht der Schuldverhältnisse, 3. Sachenrecht, 4. Familienrecht, 5. Erbrecht. 6. Handelsrecht, 7. Wechselrecht.

In der dritten Abteilung wird die äußere Rechtsgeschichte behandelt: 18. römisch, 19. deutsche, 20. brandenburg-preußische Rechtsgeschichte.

Jeder Beweis eines Interesses an meiner Arbeit wird mich erfreuen.

Breslau VII, im Oktober 1900.

Posener.

Inhaltsverzeichnis.

1. Abteilung:

Militärstrafrecht.

§ 1. Geschichte des Militärstrafrechts.

I. Besonderes Strafrecht für Militär erst seit Bildung stehender Heere. — Kriegsartikel Maximilian I., 1508 und 1570 für Süddeutschland; kurbrandenburgisches Kriegsrecht Friedrich Wilhelms, des großen Kurfürsten, 1656 und 1665.

II. Preußisches Militärstrafgesetzbuch vom 3. April 1845, auf Grund von Artikel 61 der Verfassung des norddeutschen Bundes mit den übrigen Militärgesetzen [„in dem ganzen Reiche die gesamte preußische Militärgesetzgebung ungesäumt einzuführen“] durch Verordnung vom 29. Dezember 1867 im Bundesgebiete sowie in Baden und Hessen, jedoch nicht im Königreich Sachsen eingeführt.

III. Rechtszustand bei Gründung des Deutschen Reiches:

1. württembergisches MS vom 20. Juli 1818;
2. preußisches MS vom 3. April 1845;
3. sächsisches MS vom 4. November 1867;
4. bayerisches MS vom 29. April 1869.

IV. Durch Rechtseinheit des bürgerlichen Strafrechts wird Rechtseinheit des Militärstrafrechtes befördert: Militärstrafgesetzbuch für das deutsche Reich vom 20. Juni 1872 und Einführungsgesetz vom selben Tage; im ganzen Umfange des Bundesgebietes in Kraft seit 1. Oktober 1872; in Elsaß-Lothringen eingeführt durch Verordnung vom 8. Juli 1872; in Helgoland durch Verordnung vom 22. März 1891; in den afrikanischen Schutzgebieten durch Verordnung vom 26. Juli 1896.

V. Gesetzgebung über Militärwesen und Kriegsmarine ist Reichssache; findet im Bundesrate eine Meinungsverschiedenheit statt, dann giebt gemäß RV 5_2 die Stimme des Präsidiums den Ausschlag, wenn sie sich für Aufrechterhaltung der bestehenden Einrichtung ausspricht.

1. Kapitel.

Geltungsgebiet.

§ 2. Die verschiedenen Personenklassen.

I. Militärpersonen: Personen des Soldatenstandes und Militärbeamte, welche zum Heer und der Marine gehören; „Heer" ist das deutsche Heer einschließlich der kaiserlichen Schutztruppen; „Marine": die kaiserliche Marine.

1. Personen des Soldatenstandes:

a. Offiziere, in vier Hauptklassen: α. im Heere: Generalität; Stabsoffiziere; Hauptleute und Rittmeister; Subalternoffiziere (Oberleutnants und Leutnants); — β. in der Marine: Flaggoffiziere oder Admirale; Stabsoffiziere; Kapitänleutnants; Subalternoffiziere (Leutnants und Unterleutnants zur See).

b. Unteroffiziere in Heer und Marine: α. Portepee-Unteroffiziere (welche das Offizier-Portepee tragen); β. Unteroffiziere ohne Portepee (welche das Offizier-Portepee nicht tragen).

c. Gemeine mit Einschluß der Obergefreiten und Gefreiten.

d. Mitglieder des Sanitätskorps.

e. Mitglieder des Maschinen-Ingenieur-Korps (rangieren bei a, b, c je nach ihrem Range).

2. Militärbeamte: alle im Heere und in der Marine für das Bedürfnis des Heers oder der Marine dauernd oder auf Zeit angestellten, nicht zum Soldatenstande gehörenden und unter den Kriegsminister oder Chef der Admiralität als Verwaltungschef stehenden Beamten, welche einen Militärrang haben. Kein Unterschied, ob sie Diensteid geleistet haben oder nicht. — Einteilung:

a. obere Militärbeamte (welche im Offizierrange stehen);

b. untere Militärbeamte (alle übrigen).

II. Offiziere à la suite, welche nicht zum Soldatenstande gehören.

III. Landgendarmen.

IV. Angestellte eines Schiffes der Marine (MS 1661).

V. Personen, welche nur in Kriegszeiten den Militärgesetzen unterworfen sind:

a. Armeetroß (Krankenpfleger, Handwerker, Fuhrleute, Reporter, Schlachtenbummler); ihnen gleichgestellt das Gefolge der zu b genannten Offiziere.

b. Ausländische, zu dem kriegführenden Heere zugelassene Offiziere.

c. Kriegsgefangene nach Maßgabe ihres Militärranges.

d. Andere Personen, welche auf dem Kriegsschauplatze gewisse Handlungen begehen.

e. Am Borde des Schiffes dienstlich eingeschiffte Personen.

§ 3. Anwendung auf Personen.

I. Auf die Personen des Soldatenstandes unbeschränkt für militärische Verbrechen oder Vergehen; sonst nach allgemeinen Strafgesetzen (S 10).

II. Militärbeamte: a. im Felde wegen der in dem ersten Titel Abschnitt 1 bis 3, 6 bis 8 bezeichneten strafbaren Handlungen [Kriegsverrat, Gefährdung der Kriegsmacht im Felde, unerlaubte Entfernung und Fahnenflucht, strafbare Handlungen gegen die Pflichten der militärischen Unterordnung, widerrechtliche Handlungen im Felde gegen Personen und Eigentum]; b. andere Pflichtverletzungen der Militärbeamten sind nach den allgemeinen für Beamte geltenden Vorschriften zu beurteilen [S 331 bis 359; Disziplinar-Strafordnung für das Heer vom 31. Oktober 1872 §§ 32 bis 36].

III. Personen des Beurlaubtenstandes: in der Zeit, in welcher sie sich im Dienste befinden, z. B. Tag der Kontrollversammlung, unbeschränkt wie zu I; außerhalb dieser Zeit nur dann unter Militärstrafrecht, wenn dies ausdrücklich als auf sie anwendbar erklärt ist [wenn bei Mobilmachung der Einberufung nicht Folge geleistet wird, unerlaubte Entfernung, MS 68 und 69; unbefugtes Veranstalten einer Versammlung ꝛc. MS 113, 101; Mißbrauch der Dienstgewalt MS 126; wegen der Strafen MS 42].

IV. Offiziere à la suite, welche nicht zum Soldatenstande gehören [sog. Offiziere à la suite der Armee oder eines Kontingents, im Gegensatze zu den Offizieren à la suite von Truppenteilen, gleichviel ob sie in einer etatsmäßigen Stelle stehen oder ohne Kompetenzen auf längere Zeit beurlaubt sind]: wenn und insolange sie vorübergehend Dienst leisten, ferner wegen Handlungen gegen militärische Unterordnung, welche sie in Militäruniform begehen.

V. Landgendarmen: soweit sie nach L Militärpersonen

sind, finden die Vorschriften des L über Bestrafung der von Landgendarmen begangenen strafbaren Handlungen Anwendung.

VI. Angestellte eines Schiffes der Marine: wie zu I.

VII. Personen, welche nur in Kriegszeiten den Militärgesetzen unterworfen sind.

1. Armeetroß [MS 155: alle Personen, welche sich in irgend einem Dienst- oder Vertragsverhältnisse bei dem kriegführenden Heere befinden oder sonst sich bei demselben aufhalten oder ihm folgen]: unbeschränkt dem MS, insbesondere den Kriegsgesetzen unterworfen; neben einer jeden Freiheitsstrafe kann ev. auf Aufhebung des Dienst- oder Arbeitsverhältnisses erkannt werden (Vollstreckung durch die bürgerlichen Behörden). — Gleichgestellt: das Gefolge der zu 2 genannten Offiziere.

2. Ausländische Offiziere: ebenso wie deutsche Offiziere; ausgenommen, wenn der Kaiser besondere Bestimmungen getroffen hat.

3. Kriegsgefangene: prinzipiell nach MS; insbesondere Todesstrafe für Entweichung unter Ehrenwortsbruch, für Brechen der Zusage bei Entlassung auf Ehrenwort, für Zuwiderhandlung gegen die für die Entlassung aus der Kriegsgefangenschaft gestellten Bedingungen noch vor Beendigung des Krieges.

4. Ausländer oder Deutsche: a. welche auf dem Kriegsschauplatze Kriegsverrat, Verabredung hierzu, Plünderung von Kranken oder Verwundeten, Beraubung von Gefallenen, (Hyänen des Schlachtfeldes) begehen, werden nach MS 57 bis 59, 134 bestraft; — b. wenn sie in einem von deutschen Truppen besetzten ausländischen Gebiete gegen deutsche Truppen, deren Angehörige oder kaiserliche Behörden eine nach deutschen Gesetzen strafbare Handlung begehen, werden sie ebenso bestraft, als wenn die Handlung im deutschen Reiche begangen wäre.

5. Am Borde des Schiffes dienstlich eingeschiffte Personen, welche nicht Angestellte des Schiffes sind, unterliegen den Kriegsgesetzen, solange das Schiff sich im Kriegszustande befindet, d. h. sobald es außerhalb der heimischen Gewässer allein fährt.

§ 4. Sachlicher Umfang.

I. MS gilt für das ganze deutsche Reich ꝛc.; alle Militärstrafgesetze, insoweit sie materielles Strafrecht zum Gegenstande haben, sind außer Kraft getreten. [Vgl. RV 2: Reichsgesetze gehen den Landesgesetzen vor, historische Willenstheorie.] Ausgenommen Vorschriften über Landgendarmen vgl. w. o. S. 3.

II. Eine Bestrafung gemäß MS kann nur auf Grund eines gerichtlichen Erkenntnisses erfolgen; [vgl. MC 314_1: die Hauptverhandlung schließt mit der Erlassung des Urteils.]

III. EMS 3_2: in leichteren Fällen [was leichterer Fall ist, entscheidet der zuständige Disziplinarvorgesetzte] können im Disziplinarwege geahndet werden:

1. Vergehen gemäß MS 64 eigenmächtige Entfernung bzw. Urlaubsüberschreitung, wenn höchstens sieben Tage, im Felde drei Tage unerlaubt abwesend; MS 89_1 Achtungsverletzung, laute Beschwerde oder Widerrede gegenüber einem Vorgesetzten; MS 90 Belügen des Vorgesetzten auf Befragen in dienstlichen Angelegenheiten; MS 91_1 Beleidigung eines Vorgesetzten oder Diensthöheren (ausgeschlossen aber von disziplinarer Ahndung: verleumderische Beleidigung und solche durch Verbreitung von Schrift, Darstellung, Abbildung); MS 92 Ungehorsam (auch Abänderung oder Ueberschreitung) gegen Befehle in Dienstsachen, solange nicht Nachteil oder Gefahr eines Nachteils eingetreten ist; MS 121_1 vorschriftswidrige Behandlung eines Untergebenen oder nicht verleumderische Beleidigung eines solchen; MS 137 Sachbeschädigung eines Dienstgegenstandes; MS 141_1 Verletzung der Dienstpflichten als Befehlshaber von Wache, Kommando, Abteilung oder als Schildwache oder Posten, insofern noch nicht Nachteil bzw. Gefahr des Nachteils herbeigeführt ist; MS 146 unerlaubtes Verlassen der Wache bzw. des angewiesenen Platzes bei einem Kommando oder auf dem Marsche; MS 151 Trunkenheit im Dienst bzw. Untauglichmachung zur Ausführung einer Dienstverrichtung durch Trunkenheit.

2. Vergehen gegen MS 114 Mißbrauch der Dienstgewalt durch Borgen von Geld oder Annahme von Geschenken von einem Untergebenen ohne Vorwissen des gemeinschaftlichen Vorgesetzten.

Ueber den Strafrahmen vgl. w. u. S. 30; — jedoch darf Disziplinarstrafe im Falle der Realkonkurrenz [S 74, MS 54: wenn derselbe Angeklagte mehrere strafbare Handlungen begangen hat] nicht erkannt werden, damit Angeklagter nicht den Vorteil der Gesamtstrafe verliere.

IV. Abgrenzung gegenüber S: a. entsprechend auf militärische Verbrechen und Vergehen sollen gemäß MS angewendet werden die einleitenden Bestimmungen und der allgemeine Teil des bürgerlichen Strafrechts, also S 1_3 bis 79; — b. diejenigen strafbaren Handlungen der Militärpersonen, welche nicht militärische Verbrechen oder Vergehen sind, werden gemäß MS 3 nach dem allgemeinen Strafrecht beurteilt. Vgl. Grundriß Band 15. Ueber Gerichtsbarkeit vgl. w. u. S. 17 ff.

V. Verhältnis zu den durch Verordnung vom 31. Oktober 1872 eingeführten 55 Kriegsartikeln: diese stellen sich nur als eine allgemeine Pflichtenlehre dar, welche zwar mit einem Auszuge aus den bestehenden Strafgesetzen verbunden ist, aber nicht selbständige Strafvorschriften giebt.

§ 5. Räumliches Geltungsgebiet.

I. Strafbare Handlungen von Militärpersonen im Auslande, welche sich dort dienstlich befinden: ebenso zu bestrafen, als wenn im deutschen Reiche begangen.

II. Militärische Verbrechen und Vergehen, welche — bei verbürgter Gegenseitigkeit — gegen Militärpersonen verbündeter Staaten in gemeinschaftlichen Dienstverhältnissen begangen werden: ebenso zu bestrafen, als wenn gegen deutsche Militärpersonen begangen.

III. Wegen gewisser Handlungen von Deutschen oder Ausländern in ausländischen, von deutschen Truppen besetzten Gebieten vgl. w. o. S. 2 Nr. V.

§ 6. Kriegsgesetze.

I. Kriegsgesetze: die im MS für strafbare Handlungen im Felde gegebenen Vorschriften. Sie gelten

1. für die Dauer des mobilen Zustandes des Heeres, der Marine [„mobiler Zustand": Kriegszustand eines Schiffes, im Kriegszustande befindet sich jedes Schiff der Marine, welches außerhalb der heimischen Gewässer allein fährt] oder einzelner Teile derselben; unterworfen den Kriegsgesetzen: a. Personen des aktiven Dienststandes von dem Tage ihrer Mobilmachung bis zu ihrer Demobilmachung, b. Personen des Beurlaubtenstandes vom Einberufungstage bis zur Entlassung.

2. Für die Dauer eines Kriegszustandes in den davon

betroffenen Gebieten; für das Reich durch Erklärung des Kaisers gemäß RV 68.

3. In den Fällen besonderer Erklärung des Inkrafttretens der Kriegsgesetze durch den befehligenden Offizier: a. für Truppen, welche zu einem kriegerischen Unternehmen ausrücken oder bei denen Aufruhr oder Meuterei entstanden ist; b. für Kriegsgefangene.

II. Vor dem Feinde: jede Truppe, bei welcher in Gewärtigung eines Zusammentreffens mit dem Feinde der Sicherheitsdienst gegen den Feind begonnen hat; — ein Schiff, solange in Gewärtigung eines Zusammentreffens mit dem Feinde ein oder mehrere Geschütze des Schiffes scharf geladen sind.

2. Kapitel.

Verbrechen im allgemeinen.

§ 7. Begriff.

I. Verbrechen ist das vom Staate mit Strafe bedrohte **Unrecht**; — **Unrecht**: schuldhafte rechtswidrige Handlung. [Im S Dreiteilung: Verbrechen, Vergehen, Uebertretung.]

II. Militärische **Verbrechen** oder **Vergehen** sind die vom MS mit Strafe bedrohten Handlungen bzw. Unterlassungen. — Begehen Militärpersonen nichtmilitärische Delikte, dann nach bürgerlichem Strafrecht zu beurteilen.

III. Zu unterscheiden: a. Ahndung militärischer Vergehen in leichteren Fällen im Disziplinarwege (vgl. w. o. S. 5) und b. Dienstpflichtverletzungen, welche im MS nicht mit Strafe bedroht sind; — die zu a genannten Delikte gehören dem MS an, nicht aber die unter b, welche in das Disziplinarstrafrecht (vgl. w. u. S. 30) gehören.

IV. Einteilung: a. militärisches Verbrechen ist die vom MS mit dem Tode, Zuchthaus, oder Gefängnis- oder Festungshaft von mehr als fünf Jahren bedrohte Handlung; b. militärisches Vergehen ist die vom MS mit Freiheitsstrafe bis zu fünf Jahren bedrohte Handlung.

V. Zu unterscheiden: a. delicta militaria propria sind solche Delikte, welche nur von Militärpersonen begangen werden können; b. delicta militaria impropria sind solche auch vom gemeinen Strafrechte bedrohte Handlungen, für welche MS besondere Strafen androht; c. Verbrechen im allgemeinen Sinne, welche nach S zu beurteilen sind, wenn sie auch von Militärpersonen begangen sind.

§ 8. Erscheinungsformen.

I. Ein Verbrechen ist vollendet, wenn sämtliche Verbrechensmerkmale verwirklicht sind, insbesondere also der vom Gesetze begrifflich erforderte Erfolg eingetreten ist.

II. Verbrechen ist versucht, wenn die Verbrechensmerkmale teilweise verwirklicht sind. Zu unterscheiden Vorbereitungshandlungen conatus remotus, im allgemeinen nicht strafbar, (aber besondere Strafen für „Unternehmen") und Ausführungshandlungen (conatus propinquus; — commencement d'exécution, Anfang der Ausführung, S 43). — Beendeter Versuch: Willensbethätigung zwar abgeschlossen, aber Erfolg nicht eingetreten; nichtbeendeter Versuch: Willensbethätigung noch nicht abgeschlossen; im ersteren Falle erfolglose, im zweiten teilweise Ausführung. Strafbarkeit des untauglichen Versuches (dieser liegt vor, wenn die Willensbethätigung schon an und für sich ungeeignet war, den Erfolg herbeizuführen). Rücktritt vom Versuche, so lange Thäter — unangezeigt — noch die Herrschaft über sein verbrecherisches Werk, z. B. Feueranlegung, hat.

§ 9. Allgemeine Vorschriften.

I. Im allgemeinen sind auch auf militärische Verbrechen und Vergehen anzuwenden: S 1_3 bis 12 einleitende Bestimmungen, S 13 bis 42 Strafen, S 43 bis 46 Versuch, S 47 bis 50 Teilnahme, S 51 bis 72 Gründe, welche die Strafe ausschließen oder mildern, S 73 bis 79 Zusammentreffen mehrerer strafbarer Handlungen. [Darüber Genaueres Grundriß Band 15.]

II. Insbesondere:

1. Auch neben der Versuchsstrafe militärische Ehrenstrafen zulässig, wenn neben der Strafe des vollendeten Verbrechens oder Vergehens zulässig oder geboten.

2. Eine strafbare Handlung ist dann nicht vorhanden, wenn eine Militärperson den Befehl eines Vorgesetzten betreffend eine Dienstangelegenheit ausführt. [Im Gegensatze zu „Befehl in Dienstsachen" ist „Dienstbefehl" der Befehl beliebigen Inhalts durch irgend einen im höheren Range Stehenden sowie allgemeine dienstliche Anordnungen und Instruktionen.] Für die

durch korrekte Ausführung des Befehls eingetretene Verletzung der Strafgesetze ist der Vorgesetzte allein verantwortlich; aber Untergebener wird in zwei Fällen als Teilnehmer bestraft: a. wenn er den Befehl überschritten hat; b. wenn ihm bekannt gewesen ist, daß der Befehl eine Handlung betrifft, welche ein bürgerliches oder militärisches Verbrechen oder Vergehen bezweckt (hier also ausgeschlossen: Uebertretungen des S).

3. Verbrecherwahn: Thäter weiß, daß er eine strafbare Handlung begeht, aber er setzt sich über das Gesetz hinweg, weil er glaubt, höheren Pflichten, z. B. Gewissen oder Religion folgen zu müssen. Gemäß MS 48 wird durch Verbrecherwahn die Strafbarkeit einer Handlung oder Unterlassung nicht ausgeschlossen; selbst wenn die Leistung des Fahneneides verweigert wird, ist Bestrafung der Fahnenflucht ꝛc. zulässig. [Von Verbrecherwahn ist zu unterscheiden das Wahnverbrechen oder Putativdelikt, bei welchem der Thäter irrtümlich glaubt, er begehe eine strafbare Handlung, in Wirklichkeit ist aber diese Handlung garnicht strafbar; z. B. der Posten macht berechtigterweise von seiner Waffe Gebrauch, meint aber, daß er hierzu garnicht befugt sei.]

4. Kein Notrecht im MS zur Rettung aus persönlicher Gefahr (wie in S 54 bei Notstand, vielmehr): Verletzung einer Dienstpflicht aus Furcht vor persönlicher Gefahr wird ebenso bestraft, wie vorsätzliche Verletzung MS 49_1. Vgl. Seemannsordnung 1872 § 32. — S 52!

5. Keine strafbare Handlung ist gemäß S 51 vorhanden, wenn der Thäter zur Zeit der Begehung der Handlung sich in einem Zustande von Bewußtlosigkeit oder krankhafter Störung der Geistesthätigkeit befand, durch welchen die freie Willensbestimmung ausgeschlossen war, wenn er also nach richterlichem Ermessen unfähig war, sich durch sittliche oder rechtliche Motive bestimmen zu lassen. Ausnahme gemäß MS 49_2: bei strafbaren Handlungen gegen die Pflichten der militärischen Unterordnung (MS 89 bis 113) sowie bei allen in Ausübung des Dienstes begangenen strafbaren Handlungen [nicht überhaupt „Dienst“, sondern Thäter muß gerade in einem besonderen Dienstverhältnisse, z. B. Exerzieren, stehen] bildet die selbstverschuldete Trunkenheit des Thäters keinen Strafmilderungsgrund. Vgl. actiones liberae in causa z. B. Bahnwärter betrinkt sich, um dann Weichenstellung zu verschlafen und Zug zum Entgleisen zu bringen.

— Ist aber die Trunkenheit derartig, daß überhaupt kein Wille mehr vorhanden ist, dann ist keine strafbare Handlung im Sinne von MS 49_2 begangen, sondern vielmehr ein delictum sui generis, Trunkenheit im Dienste MS 151. [Sonst wäre Idealkonkurrenz, also nur ein Gesetz — und zwar das härtere — anzuwenden.]

6. Wer in Notwehr handelt, begeht keine strafbare Handlung MS 53. Notwehr ist diejenige Verteidigung, welche erforderlich ist, um einen gegenwärtigen rechtswidrigen Angriff von sich oder einem anderen abzuwenden. Notwehr ist Verteidigung gegen Unrecht, daher keine Notwehr gegen Notwehr, gegen Tiere, gegen Kinder oder Wahnsinnige. Notwehr auch dann erlaubt, wenn Flucht möglich; denn Flucht ist für den Soldaten schimpflich. Irrige Annahme, daß Notwehr vorliege, schließt Vorsatz und damit Strafbarkeit der Verteidigungshandlung aus. Ueberschreitung der Notwehr aus Bestürzung, Furcht oder Schrecken ist nicht strafbar; sonst aber jede über den Angriff hinausgehende Verteidigung strafbar.

7. Einfluß des Alters. Nach S 56 ist der Thäter, welcher bei Begehung noch nicht 18 Jahr alt ist, dann freizusprechen, wenn er bei Begehung die zur Erkenntnis der Strafbarkeit erforderliche Einsicht nicht besaß; hatte er die Einsicht aber, dann gemäß S 57 mildere Strafe. Dies gilt für bürgerliche Delikte von Militärpersonen. Bei militärischen Verbrechen oder Vergehen keine Rücksicht auf Alter, da Waffenfähigkeit bereits mit 17 Jahren beginnt; MS 50.

8. Nach S 61 ist bei Antragsdelikten dann die Verfolgung ausgeschlossen, wenn Antrag fehlt (Prozeßvoraussetzung); dies gilt auch für die nach S strafbaren Delikte. Für militärische Verbrechen oder Vergehen gilt gemäß MS 51, daß Verfolgung vom Antrage des Verletzten oder anderer zur Antragstellung berechtigter Personen unabhängig; insbesondere Verhaftung (MC 182), Beschlagnahme (MC 234) zulässig auch vor Antragstellung.

3. Kapitel:

Strafen.

§ 10. Begriff und Arten.

I. Strafe: das vom Richter gegen den Thäter wegen der strafbaren Handlung durch Urteil erkannte Uebel; Strafe wird vom Staate kraft seiner öffentlich-rechtlichen Zwangsgewalt verhängt. **Anders**: staatliche Disziplinarstrafe, welche der Staat als Dienstherr verhängt; daher kann neben einander Bestrafung und Disziplinierung erfolgen, nicht anzuwenden also: ne bis in idem; aber MC 157 von sehr großer Bedeutung!!

II. Strafsystem nach MS kennt nicht: Haft, Geldstrafe und Verweis.

1. Hauptstrafen (solche, auf welche allein erkannt werden kann) sind:

a. Todesstrafe; auf diese ist immer zu erkennen MS 58 (zwölf besonders schwere Fälle des Kriegsverrates) und MS 159 (Kriegsgefangene vgl. w. o. S. 3); auf Todesstrafe ist im Felde (sog. Kriegsgesetze, vgl. w. o. S. 6) zu erkennen MS 63 (vier besonders schwere Fälle der Gefährdung der Kriegsmacht), MS 71 (zweite Fahnenflucht im Felde), MS 72 (Rädelsführer und Anstifter zur Fahnenflucht im Felde), MS 97_3 (schwere Thätlichkeit gegen Vorgesetzte), MS 107 (Rädelsführer und Anstifter eines militärischen Aufruhrs und die gegen Vorgesetzte gewaltthätigen Aufrührer), MS 133_1 und $_2$ (Plünderung ꝛc. unter einer den Tod herbeiführenden Gewaltthätigkeit gegen Personen); — insbesondere: **vor dem Feinde** (vgl. w. o. S. 7) bei MS 73 (Fahnenflucht, Ueberläufer), MS 95_2 (schwere ausdrückliche Gehorsamsverweigerung durch Wort oder That), MS 108 (militärischer Aufruhr), MS 141_2 (schwere, einen Nachteil verursachende Pflichtverletzung; — **während des Gefechtes** MS 84 (Flucht aus Feigheit und Verleitung zur Flucht). — Die Todesstrafe wird durch Erschießen vollstreckt: α. im Felde immer, β. wegen militärischer Verbrechen; wegen gemeiner Verbrechen (nicht im Felde) durch Enthaupten. [In Schutzgebieten kann „eine andere, eine Schärfung nicht enthaltende Art der Todesstrafe“ durch kaiserliche Verordnung eingeführt werden, so: Erschießen oder Erhängen, insbesondere für Kiautschou Enthaupten oder Erschießen.]

b. Freiheitsstrafen (Einsperrung mit oder ohne Zwang zur Arbeit): α. Zuchthausstrafe S 14, entehrend, mit Arbeitszwang [gilt nicht als „Freiheitsstrafe“ im Sinne von MS; Vollstreckung durch bürgerliche Behörden], wird Zuchthaus unter 1 Jahr ermäßigt, dann hierfür Gefängnis von gleicher Dauer; β. Gefängnis, an sich nicht entehrend, mit Arbeitszwang, Unteroffiziere und Gemeine können auch ohne ihre Zustimmung (anders im S!) zu Außenarbeit verwendet werden; γ. Festungshaft, schwer, nicht entehrend, kein Arbeitszwang, soll nur auf Offiziere, Portepee-Unteroffiziere, Einjährig-Freiwillige, Avantageure, (Fahnenjunker) angewendet werden; δ. Arrest.

2. Nebenstrafen (welche nur neben einer Hauptstrafe erkannt werden dürfen) sind nach MS ausschließlich Ehrenstrafen:

a. gegen Personen des Soldatenstandes: α. Entfernung aus Heer oder Marine MS 31, 32, β. Verlust des Offiziertitels MS 32, γ, Dienstentlassung nur gegen Offiziere MS 34, 35, δ. Verlust des Rechtes zum Tragen der Offiziersuniform MS 36, ε. Versetzung in die zweite Klasse des Soldatenstandes gegen Unteroffiziere und Gemeine LS 37 bis 39, ζ. Degradation gegen Unteroffiziere MS 40, 41. —
b. gegen Militärbeamte: Amtsverlust MS 43.

§ 11. Einfluß der Zeit.

I. Verjährung schließt Strafverfolgung und Strafvollstreckung aus. Besonders S 67, 70. Unterbrechung der Verjährung durch jede gegen den Thäter gerichtete Handlung des Richters, nach der Unterbrechung muß neue Verjährung beginnen. Ruhen der Verjährung während der Zeit, in welcher auf Grund gesetzlicher Vorschrift die Strafverfolgung nicht begonnen oder nicht fortgesetzt werden kann. — Bei der Berechnung der Verjährungsfrist einer Strafverfolgung oder Strafvollstreckung ist Arrest der Haft gleich zu achten MS 52. — Besonders noch bei Fahnenflucht MS 76.

II. Qualifikation der Freiheitsstrafen.

1. Einteilung: lebenslängliche (wenn als solche ausdrücklich angedroht) und zeitige (nicht mehr als fünfzehn Jahre). — Unter 6 Wochen immer Arrest.

2. Bedeutung der Strafandrohung: „Freiheitsstrafe" bedeutet je nach der Zeitdauer wahlweise Gefängnis, Festungshaft, Arrest. — „Arrest": die nach dem Militärrange statthafte Art, ev.: falls eine bestimmte Art angedroht, aber im besonderen Falle nicht statthaft ist, die nächstfolgende statthafte.

3. Ist strenger bezw. mittlerer Arrest wegen des körperlichen Zustandes des Verurteilten nicht anwendbar, dann hat gemäß MS 27 die Vollstreckungsbehörde eine mildere Art (mittleren bezw. gelinden Arrest) zu vollstrecken.

4. Mehr als 6 Wochen Freiheitsstrafe werden auf die gesetzliche Dienstzeit nicht angerechnet.

III. Insbesondere der Arrest:

1. Stubenarrest, für die Marine Kammerarrest, nur gegen Offiziere; Verbüßung in der Wohnung des Verurteilten; Verbot, die Wohnung zu verlassen, Besuche anzunehmen (Uebertretung des Verbotes strafbar nach MS 80). — Geschärfter Stubenarrest: Vollstreckung in einem besonderen Offizier-Arrestzimmer; nur gegen Hauptleute, Rittmeister, Subalternoffiziere. — Dauer: höchstens 6 Wochen MS 17_1.

2. Gelinder Arrest, gegen Unteroffiziere mit und ohne Portepee und Gemeine; Einzelhaft, höchstens 6 Wochen.

3. Mittlerer Arrest: harte Lagerstätte, Wasser und Brot; diese Schärfungen kommen an jedem 4., 8. und 12., von da ab an jedem 3. Tage in Fortfall; höchstens 6 Wochen. — Gegen Unteroffiziere ohne Portepee und Gemeine.

4. Strenger Arrest nur gegen Gemeine: a. wenn ausdrücklich angedroht, sonst b. nur gegen denjenigen zulässig, welcher wegen militärischer Verbrechen oder Vergehen bereits mit einer Freiheitsstrafe bestraft ist; Vollstreckung in Dunkelzelle, sonst wie zu 3; Schärfungen kommen am 4., 8., dann an jedem 3. Tage in Fortfall; — Höchstbetrag: 4 Wochen.

§ 12. Veränderung der Strafe.

I. Ist im MS erhöhte Freiheitsstrafe angedroht, dann kann sie das Doppelte der angedrohten Strafe erreichen, darf aber nicht über das Strafmaximum hinausgehen. — Ausgeschlossen sind von der Vorschrift von MS 53 die Uebertretungen.

II. Auf erhöhte Strafe ist, abgesehen von besonderen Vorschriften, immer zu erkennen: wenn Vorgesetzte mit Untergebenen zusammen oder als Teilnehmer strafbare Handlungen begehen; wenn strafbare Handlungen unter Mißbrauch [bestimmungswidriger Gebrauch gegen Personen, ferner Gebrauch gegen Sachen] der eigenen oder fremden Dienstwaffen oder der dienstlichen Befugnisse oder während eines speziellen Dienstverhältnisses des Thäters ausgeführt werden; wenn mehrere unter Zusammenrottung oder vor einer Menschenmenge strafbare Handlungen gemeinschaftlich ausführen.

III. Realkonkurrenz ist nach S 74 bis 79 zu beurteilen. Bei Zusammentreffen von ungleichartigen Arreststrafen wird umgerechnet: 1 Tag streng = 2 Tage mittel, 1 Tag mittel = 2 Tage gelind.

IV. Rückfall MS 13.

V. Insbesondere: „vor versammelter Mannschaft“ bedeutet, daß außer dem Vorgesetzten und dem einzelnen Beteiligten noch mindestens drei andere zu militärischem Dienste versammelte Personen des Soldatenstandes gegenwärtig gewesen sind MS 12. — [Versammelte Mannschaft sind nicht die Mannschaften, welche beim abendlichen Abfragen durch den Unteroffizier vom Tagesdienst in den Stuben vor ihren Schränken anzutreten haben.]

VI. Strafmilderung im Falle des „Anreizes“ MS 98.

4. Kapitel:

Einzelne militärische Delikte.

§ 13. Verbrechen gegen den Staat.

I. Hochverrat, Landesverrat gemäß S 80 bis 93; Gesetz gegen Verrat militärischer Geheimnisse vom 3. Juli 1893.

II. Kriegsverrat MS 57 ist Landesverrat im Felde; Komplott MS 59. Unterlassung der Anzeige des Kriegsverrates ist nach MS 60 als Mitthäterschaft strafbar. Thätige Reue bewirkt Straflosigkeit.

III. Gefährdung der Kriegsmacht im Felde MS 62: vorsätzliche Verletzung der Dienstpflicht, so daß die Unternehmungen des Feindes befördert werden oder den kriegführenden Deutschen oder verbündeten Truppen Gefahr oder Nachteil entsteht.

§ 14. Delikte gegen die Dienstpflichtleistung.

I. Unerlaubte Entfernung MS 64 bis 68, vorübergehend. — [Zapfenstreichen ist Ungehorsam gegen einen Befehl in Dienstsachen MS 92.]

II. Fahnenflucht (Desertion) MS 69 bis 78, nicht vorübergehend, sondern in der Absicht, sich seiner gesetzlichen oder von ihm übernommenen Verpflichtung zum Dienste dauernd zu entziehen. Gemeinschaftliche Begehung strafschärfend, durch thätige Reue Strafmilderung; auch derjenige stellt sich, welcher von Angehörigen mit seiner Zustimmung der Behörde zugeführt wird. Bestrafung des Unterlassens der Anzeige, der Verleitung oder Beförderung zur Fahnenflucht.

III. Selbstbefreiung eines Gefangenen, der rechtmäßig in militärischen Gewahrsam genommen ist MS 79.

IV. Bruch des Stubenarrestes MS 80.

V. Selbstverstümmelung, Untauglichmachung auf Verlangen, Vorschützen von Gebrechen MS 81 bis 83; Selbstmordversuch nicht strafbar.

VI. Feigheit, d. i. Furcht vor persönlicher Gefahr, MS 84 bis 88; Strafmilderung ev. -erlaß bei späteren hervorragenden Beweisen von Mut.

§ 15. Mißbrauch der Dienstgewalt.

I. Benutzung der Dienstgewalt für nichtdienstliche Zwecke, Geschenkannehmen, Geldborgen von Untergebenen ohne Wissen des gemeinschaftlichen Vorgesetzten 2c. MS 114.

II. Vorsätzliche Bestimmung eines Untergebenen, so daß dieser eine strafbare Handlung begeht MS 115; gemäß MS 116 ist auch das Unternehmen hierzu strafbar.

III. MS 117 bis 120: Verhinderung von Beschwerden oder deren Unterdrückung, Ueberschreitung der Strafbefugnisse, gesetzwidriger Einfluß auf Rechtspflege, Anmaßung einer dem Thäter überhaupt nicht zustehenden Befehlsbefugnis oder Strafgewalt.

IV. Beleidigung, vorschriftswidrige Behandlung, Körperverletzung MS 121 bis 123.

§ 16. Delikte gegen die Unterordnungspflicht.

I. Achtungsverletzung, Belügen Vorgesetzter in dienstlichen Angelegenheiten MS 89, 90.

II. Beleidigung von Vorgesetzten MS 91.

III. Ungehorsam gegen die Befehle in Dienstsachen durch Nichtbefolgung, eigenmächtige Abänderung MS 92 bis 95.

IV. Widersetzung MS 96 ist das Unternehmen, einen Vorgesetzten mittelst Gewalt oder Drohung an der Ausführung eines Dienstbefehles zu hindern oder zur Vornahme oder Unterlassung einer Diensthandlung zu nötigen.

V. Thätlichkeit gegen Vorgesetzte MS 97.

VI. Aufforderung oder Anreizung zu Ungehorsam 2c., Aufwiegelung, Veranstaltung von Versammlungen, Meuterei, militärischer Aufruhr MS 99 bis 111.

VII. Zweikampf aus dienstlicher Veranlassung MS 112.

§ 17. Gemein-militärische Delikte.

I. Im Felde MS 127 bis 136, z. B. unerlaubtes Beutemachen, Plündern, Marodieren, Fleddern.

II. Andere widerrechtliche Handlungen gegen das Eigentum MS 137 und 138, z. B. Beschädigung von Dienstgegenständen ꝛc.

§ 18. Handlungen gegen die militärische Ordnung.

I. Verletzung von Dienstpflichten bei Ausführung besonderer Dienstverrichtungen MS 139 bis 145, z. B. Erstattung unrichtiger dienstlicher Meldungen, Pflichtverletzung im Wachdienste ꝛc.

II. Sonstige Handlungen gegen die militärische Ordnung MS 146 bis 152, z. B. unerlaubtes Verlassen der Wache, Verheiratung ohne dienstliche Genehmigung, Trunkenheit, mißbräuchliche Beschwerde.

2. Abteilung: Militärstrafgerichtsordnung.

§ 19. Geschichtliche Entwickelung.

I. Vor Gründung des norddeutschen Bundes: in Preußen Strafgerichtsordnung für das preußische Heer vom 3. April 1845, daneben besonders Württemberg MC vom 20. Juli 1818.

II. Im norddeutschen Bunde ist gemäß RV 61 durch Verordnung vom 28. Dezember 1867 die preußische MC eingeführt worden. Daneben haben bestanden die württembergische MC, die königlich-sächsische vom 4. November 1867, die bayrische vom 29. April 1869.

III. Reformbestrebungen haben insbesondere verlangt: einheitliches Verfahren für das ganze Reich und Schaffung eines höchsten Militärgerichtshofes, ständige Gerichte, in welchen auch Juristen säßen, Unabhängigkeit der erkennenden Gerichte, Anklageprozeß, Führung der Voruntersuchung durch Juristen, Kürzung des Vorverfahrens gegenüber der Hauptverhandlung im Sinne der C, Oeffentlichkeit, Mündlichkeit, freie Beweiswürdigung, Zulassung der Verteidigung, Instanzenzug.

IV. Entwurf der MC (besonders Generalauditeur Ittenbach) vom 30. November 1897. Vollziehung der MC und beider Nebengesetze am 1. Dezember 1898. [Besondere Schwierigkeit wegen des von Bayern behaupteten, insbesondere von v. Seydel,

Graßmann, Gümbel verteidigten Reservatrechtes, wonach Bayern, weil es Militärhoheit gemäß Bündnisvertrag vom 23. November 1870 III § 5 Nr. 3 habe, selbst einen höchsten Militärgerichtshof verlangen dürfe. Dagegen Meyer: nicht der Staat Bayern habe Militärhoheit, sondern der König, Unterwerfung unter Gerichtshof müsse Bayern sich ebenso gefallen lassen wie die andere Militärgesetzgebung des Reiches. Streit dadurch erledigt, daß durch Reichsgesetz vom 9. März 1899 ein besonderer Senat für das bayrische Heer beim Reichsmilitärgerichte in Berlin eingerichtet wird, der König von Bayern ernennt den Präsidenten, die Räte des Senats sowie einen Militäranwalt, er bestimmt die militärischen Mitglieder des Senats. Zuständigkeit für bayrische Sachen; ist Konnexität mit Sachen anderer Kontingente vorhanden, dann wird der bayrische Senat mit einem anderen vom Präsidenten zu bestimmenden vereinigt. Im übrigen gilt auch hierfür die MC.

V. Die MC tritt am 1. Oktober 1900 für Heer, für Marine (kaiserliche Verordnung vom 28. Dezember 1899) in Kraft. Auf die zum kaiserlichen Gouvernement Kiautschou gehörigen Militärpersonen finden die in der MC für das Verhältnis „an Bord" gegebenen Vorschriften Anwendung (Gesetz vom 25. Juni 1900). — L tritt gemäß EMC 2 ebenso wie resp. Reichsrecht außer Kraft; Besonderes wegen Landgendarmen EMC 2_3.

1. Kapitel:

Gerichtsverfassung.

1. Abschnitt:

Allgemeine Lehren.

§ 20. Gerichtsbarkeit.

I. Persönliche Zuständigkeit:

a. im Frieden: α. wegen aller strafbaren Handlungen für acht in MC 1 genannte Personenklassen, insbesondere aktive Militärpersonen, Offiziere z. D., Pepins, eingeschiffte Schiffsjungen, frühere Offiziere, die in gewisser Beziehung zum Heere oder zur Marine stehen; — β. wegen gewisser Delikte drei Personenklassen gemäß MC 5, insbesondere Offiziere d. R. wegen Zweikampfs, Ankontrahierens und Kartellschleifens.

b. im Kriege: Die bereits w. o. S. 4 genannten Personenklassen MC 1_8 und 5_4.

II. Sachliche Zuständigkeit: Ausnahmen von der in I gegebenen Regel:

a. bürgerliche Behörden sind zuständig für Untersuchung und Entscheidung wegen Zuwiderhandlungen (auch „Vergehen") gegen Finanz- und Polizeigesetze, Jagd- und Fischereigesetze, sowie gegen Verordnungen dieses Inhalts, wenn die Handlung nur mit Geldstrafe und Einziehung oder mit einer dieser Strafen bedroht ist. Wird auf gerichtliche Entscheidung angetragen, dann bürgerliche Gerichte zuständig. Vollstreckung mittelst Ersuchens der Militärbehörde; —

b. bürgerliche Strafgerichtsbarkeit über solche aktive Militärpersonen, welche nicht Offiziere sind, wegen der bei einstweiliger Zivildienstbeschäftigung (z. B. Kommune) begangene Amtsvergehen; aber wenn Konkurrenz mit Militärdelikt, dann Militärgerichtsbarkeit; —

c. fakultativ: wenn Militärpersonen zusammen mit Personen unter bürgerlicher Justiz delinquiert, und wenn es sich um gemeines Delikt, wechselseitige Beleidigung oder Körperverletzung handelt, dann kann auch die Militärperson in bürgerliche Untersuchung und Aburteilung gegeben werden.

III. Zeitliche Zuständigkeit: grundsätzlich sind die aktiven Militärpersonen auch wegen der vor dem Diensteintritte, d. i. vor der Zeit der faktischen Zugehörigkeit, begangenen Delikte unter Militärgerichtsbarkeit; Ausnahmen MC 7 bis 9. — Ueber Entlassung hinaus wirkt die Militärstrafgerichtsbarkeit gemäß MC 10 und 11, z. B. Ankontrahieren eines früheren Vorgesetzten innerhalb eines Jahres nach Entlassung wegen der Behandlung im Dienste (Kausalnexus zwischen That und Behandlung!); nicht hierher Preßdelikte, z. B. beleidigende Kritik durch entlassene Militärperson.

§ 21. Regeln für das Verfahren.

I. Oeffentlichkeit. a. Hauptverhandlung grundsätzlich öffentlich MC 282, wegen Ueberfüllung können Zuhörer zurückgewiesen werden; Ausschluß der Oeffentlichkeit ganz oder teilweise in drei Fällen: Gefährdung der öffentlichen Ordnung (insbesondere Staatssicherheit), Gefährdung militärdienstlicher Interessen, Gefährdung der Sittlichkeit; — über Ausschließung der Oeffentlichkeit in nicht öffentlicher Sitzung zu verhandeln, nach Anhörung der Anklagebehörde und des Angeklagten, sodann Beschluß mit Angabe der Gründe zu verkünden (Verletzung dieser Vorschrift: Nichtigkeit). Protokollierung; — Geheimhaltung kann beschlossen werden MC 286;

b. Verkündung des Urteils und der Urteilsgründe immer öffentlich, Thür zum Zuhörerraum muß also geöffnet werden (Revisionsgrund! MC 400_6); soll bei Verkündung der Gründe oder eines Teiles derselben Oeffentlichkeit ausgeschlossen werden, dann besonderer Beschluß erforderlich;

c. Zutritt zu den öffentlichen Verhandlungen muß immer haben der Verletzte (außer, wenn der Angeklagte höheren Rang hat als er, dann „kann" dem Verletzten Zutritt gestattet werden). Weibern, Unerwachsenen, Personen mit Ehrverlust, Personen in nicht angemessenem Habitus kann der Zutritt versagt werden. Bei Kartenausgabe sind Angehörige des Angeklagten zu berücksichtigen;

d. Zutritt zu nicht-öffentlichen Verhandlungen kann Vorsitzender einzelnen Personen gestatten; Verletzter hat stets Zutritt, aber zwei Ausnahmen: wenn Gefährdung der Staatssicherheit oder aus Gründen der Disziplin (in letzterem Falle, wenn Verletzter aktive Militärperson ist).

II. Sitzungspolizei liegt dem Vorsitzenden ob MC 289, 290 ähnlich wie G 178ff., vgl. Grundriß Band 8, S. 21; aber hier fehlt Vorschrift für „ersuchten" oder „beauftragten" Richter (Gerichtsoffizier oder Militärjustizbeamter außerhalb der Sitzung). Beschwerde an Oberkriegsgericht (sowohl gegen Stand- als Kriegsgericht), keine Beschwerde also gegen Oberkriegsgericht oder Reichsmilitärgericht. [Zu Unrecht sieht Herz in der Störung der Verhandlung durch einen Zuhörer eine Gefährdung der öffentlichen Ordnung und damit einen Grund zum Ausschlusse der Oeffentlichkeit; das ist vielmehr „Ungebühr vor Gericht ꝛc." und rechtfertigt Anwendung von MC 290.]

III. Gerichtsort: in Ermangelung sonstiger geeigneter Räume: Kasernen, Arrestanstalten, andere militärische Dienstgebäude, bei der Marine „an Bord". — Zuhörer gegen Karten zugelassen, Auswahl der Zuhörer unstatthaft (abgesehen etwa von Angehörigen des Angeklagten).

IV. Gerichtssprache: deutsch, alle Schriftsätze, z. B. Einlegung der Berufung, müssen deutsch abgefaßt sein. Wegen Dolmetscher MC 116 bis 121.

V. Fristen, Wiedereinsetzung in den vorigen Stand bei Fristversäumnis MC 146 bis 150.

VI. Beratung unter Leitung desjenigen, der die Verhandlungen geführt hat; zuerst sind Vorfragen (also: Prozeßvoraussetzungen) durch Abstimmung zu erledigen, dann Schuldfrage, dann erst Strafmaß MC 320; sonst wie in G 197, vgl. Grundriß Band 8, S. 22; nachteilige Entscheidung der Schuldfrage bedarf $^2/_3$ Majorität, sonst absolute Mehrheit. — Besonderes für Reichsmilitärgericht MC 87, 409.

§ 22. Rechtshilfe.

Die zur Ausübung der Militärstrafgerichtsbarkeit berufenen Stellen leisten sich gegenseitig Rechtshilfe; ebenso Gegenseitigkeit mit bürgerlichen Gerichten, jedoch sollen die bürgerlichen Gerichte nur ausnahmsweise angegangen werden; EMC 11 bis 13.

2. Abschnitt:

Gerichtswesen.

§ 23. Aufgaben der Prozeßsubjekte.

I. MC 12: Die Militärstrafgerichtsbarkeit wird durch die Gerichtsherren und durch die erkennenden Gerichte ausgeübt.

II. Aufgaben: Einleitung einer Verfolgung und Befinden darüber, vorbereitende Untersuchung, abschließende Untersuchung, Entscheidung.

III. Zwangsmittel.

§ 24. Gerichtsherr.

I. Gerichtsherrn sind Befehlshaber (Disziplinarvorgesetzte), welchen die niedere oder die höhere Gerichtsgewalt zusteht.

II. Niedere Gerichtsbarkeit nur gegen Personen, welche nicht Offiziersrang haben. — Umfang: die nur mit Arrest bedrohten militärischen Vergehen, ferner die Uebertretungen; ausgenommen die Fälle, in welchen Ehrenstrafe zu erwarten ist. Kompetenzerweiterung im Falle von MC 16.

III. Höhere Gerichtsbarkeit gegen alle Personen und alle Handlungen; sie umfaßt also die niedere mit, aber Schutz des niederen Gerichtsherrn durch MC 24.

IV. Aufzählung der Gerichtsherrn durch MC 19 bis 23, aber nicht erschöpfend, denn MC 37.

V. Gerichtsherrn leiten Verfolgung ein, ordnen Ermittelungsverfahren an, überwachen es, können Weisungen erteilen MC 97, Ergänzung anordnen MC 244, befinden über Anklage MC 245, und zwar ev. bis zur Hauptverhandlung MC 272. Sie verfügen über Zwangsmittel, z. B. Vorführung MC 172_3. Sie ordnen das Gericht an, welches nur auf ihre Berufung zusammentritt MC $18,_3$ abgesehen vom Reichsmilitärgerichte. Sie erledigen alle gerichtlichen Funktionen außerhalb der Verhandlung; sie können selbst Rechtsmittel außer Beschwerde einlegen und nehmen diejenigen des Beschuldigten bez. Angeklagten entgegen. Bei Entscheidung der Gerichte haben sie nur Ausfertigung zu unterzeichnen, an den Verhandlungen nehmen sie nicht teil. Sie haben die Strafvollstreckung.

§ 25. Beistände 2c. des Gerichtsherrn.

I. Den Gerichtsherren niederer Gerichtsbarkeit stehen Gerichtsoffiziere zur Seite, denen höherer wird die erforderliche Zahl von richterlichen Militärjustizbeamten (Kriegsgerichtsräte, Oberkriegsgerichtsräte) zugeordnet MC 13. Ueber Ernennung 2c. vgl. MC 93 bis 102.

Gerichtsoffizier entspricht dem preußischen „untersuchungsführenden Offizier"; Kriegsgerichtsräte den Auditeuren 2c. — Durch Kabinettsordre vom 6. September 1900 ist bestimmt, daß die am 1. Oktober 1900 in die neue Militärgerichtsorganisation übertretenden Ober- und Korpsauditeure die Amtsbezeichnung „Oberkriegsgerichtsrat", die übertretenden Divisions-, Gouvernements- und Garnisonauditeure „Kriegsgerichtsrat" führen; die Titel „Geheimer Justizrat" oder „Justizrat" dürfen daneben nicht mehr geführt werden.

II. Aufgaben: auf Anweisung des Gerichtsherrn Voruntersuchung führen, diese abzuschließen, Anklage zu fertigen nach Anordnung des Gerichtsherrn, in der Hauptverhandlung Vertretung des Gerichtsherrn. — Zwangsmittel nur bei Gefahr im Verzuge. Gegenzeichnung der Verfügungen des Gerichtsherrn und damit Verantwortung, trotz der Unselbständigkeit! —

Selbständig darf er als Vertreter der Anklage gemäß MC 319 den Antrag auf Erweiterung der Hauptverhandlung stellen. Als Untersuchungsführer darf er Zeugen und Sachverständige eidlich vernehmen MC 160, er kann auch außerhalb der Hauptverhandlung wie ein Richter (als Richter?) abgelehnt werden MC 130, schließlich kann er auch im erkennenden Gerichte sitzen, ist aber ev. ausgeschlossen MC 122_4.

§ 26. Erkennende Gerichte.

I. Nur zur Rechtsprechung, nicht zur Verfolgung; aber vgl. MC 97_3, 247 bis 249. — Die erkennenden Gerichte kommen erst nach dem Ermittlungsverfahren in Thätigkeit, und zwar nur zur Hauptverhandlung.

II. Ständiges Gericht ist nur das Reichsmilitärgericht; die anderen sind nicht ständig und treten nur auf Anordnung des Gerichtsherrn für den einzelnen Fall zusammen.

III. Besetzung der Gerichte:

1. Standgerichte bestehen aus drei Richtern, und zwar Stabsoffizier als Vorsitzender, Hauptmann (Rittmeister, Kapitänleutnant) als erster Beisitzer, Oberleutnant (Oberleutnants zur See) als zweiter Beisitzer; ev. gemäß MC 39, 262. — Als Richter kann nur mitwirken, wer seit mindestens einem Jahre dem Heere oder der Marine angehört; Ausnahme: im Felde und an Bord MC 44. — Bestellung alljährlich durch den Gerichtsherrn für das Geschäftsjahr (Kalenderjahr), Stellvertretung, Beeidigung MC 41 bis 44. — Zuständigkeit: niedere Gerichtsbarkeit; es darf nicht höher erkannt (also nicht nach der Strafandrohung zu beurteilen) werden als 6 Wochen Freiheitsstrafe und 150 Mk. Geldstrafe; Feldstandgerichte und Bordstandgerichte: neben Versetzung in die 2. Klasse des Soldatenstandes höchstens 3 Monate Freiheitsstrafe und 300 Mk. Geldstrafe. Auch bei Konnexität darf die Gesamtstrafe die angegebene Grenze nicht übersteigen.

2. Kriegsgerichte bestehen aus fünf Richtern, und zwar: a. aus einem Kriegsgerichtsrate und vier Offizieren, deren Rang in MC 50 genauer bestimmt ist; b. aus zwei Kriegsgerichtsräten und drei Offizieren (MC 51), wenn der Gerichtsherr nach den Umständen des Falles annimmt, daß auf Todesstrafe oder mehr als 6 Monate Freiheitsstrafe zu erkennen sein wird; (bei Realkonkurrenz ist Einsatzstrafe, nicht Gesamtstrafe

maßgebend für diese Erwägung). — Das zu a genannte Kriegsgericht darf höchstens auf 1 Jahr Freiheitsstrafe erkennen; hält es eine höhere Strafe für verwirkt, dann muß es Hauptverhandlung abbrechen und die Berufung des zu b genannten Kriegsgerichtes herbeiführen. — Zuständigkeit: a. in erster Instanz für alles, was nicht vor das Standgericht gehört, [also anders wie nach G 136_1, Reichsgericht zuständig bei Hoch- und Landesverrat gegen Kaiser und Reich]; b. in zweiter Instanz für Berufung gegen standgerichtliche Urteile. — Feldkriegsgerichte, Bordkriegsgerichte.

3. Oberkriegsgerichte bestehen aus sieben Richtern, und zwar zwei Oberkriegsgerichtsräte und fünf Offiziere (MC 67). — Zuständigkeit: Berufung gegen kriegsgerichtliche Urteile erster Instanz.

4. Reichsmilitärgericht in Berlin, in Senaten; jeder Senat besteht aus einem Senatspräsidenten und der erforderlichen Zahl von Räten und Offizieren. Der beschließende und erkennende Senat ist besetzt: a. mit vier militärischen und drei juristischen Mitgliedern, b. insbesondere mit drei militärischen und vier juristischen Mitgliedern, wenn Revision sich lediglich auf die Verletzung prozessualer Vorschriften, einer Vorschrift oder eines Rechtsgrundsatzes der allgemeinen bürgerlichen Gesetze stützt. — Zuständigkeit: Revision gegen oberkriegsgerichtliche Urteile. — Wahrung der Rechtseinheit durch MC 85.

§ 27. Gerichtsorganisation.

I. Stellung der Richter: keine richterliche Thätigkeit der Unteroffiziere und Gemeinen mehr; die soldatischen Richter müssen Offiziere ꝛc. sein, die juristische Befähigung zum Richteramte haben, (auch sie sind Militärbeamte). — MC 18_1: die erkennenden Gerichte sind unabhängig und nur dem Gesetz unterworfen.

II. Ausschließung und Ablehnung.

1. Richter sind kraft Gesetzes ausgeschlossen in fünf Fällen (MC 122): wenn sie selbst verletzt sind; Ehemann oder Vormund [gesetzlicher Vertreter?] der beschuldigten oder der verletzten Person sind; Verwandtschaft und Schwägerschaft in gerader Linie, Seitenverwandtschaft bis zum dritten Grade oder Seitenschwägerschaft bis zum zweiten Grade [Berechnung s. Grundriß Band 4 S. 3] mit dem Beschuldigten oder dem Verletzten;

wenn sie in der Sache gewisse Funktionen bereits bekleidet haben (z. B. Gerichtsherr, Untersuchungsführer 2c.); wenn sie in der Sache als Zeugen oder Sachverständige vernommen worden sind; ferner (MC 123) wenn sie in derselben Sache schon in früherer Instanz als Richter mitgewirkt haben.

2. Richter können abgelehnt werden: a. in den unter 1 genannten Fällen des gesetzlichen Ausschlusses, b. wegen Besorgnis der Befangenheit, d. h. wenn ein Grund vorliegt, welcher geeignet ist, Mißtrauen gegen die Unparteilichkeit eines Richters zu rechtfertigen; MC 124 bis 131, 133, 134.

3. Gerichtsherr kann nicht abgelehnt werden, hat aber in vier, w. o. unter 1 genannten Fällen (1, 2, 3, 5 von MC 122) Fällen die Wahrnehmung der Gerichtsherrngeschäfte seinem Stellvertreter im Kommando zu übertragen; ebenso, wenn er selbst sich für befangen hält.

III. Trennung von Vorsitz und Leitung [im Anschluß an bayr. Proz.] wegen Wahrnehmung der Sitzungspolizei; vgl. MC 61, 69, 83.

IV. Präsident des Reichsmilitärgerichts: General oder Admiral mit dem Range eines kommandierenden Generals; er nimmt an der Rechtsprechung nicht teil; er verteilt allein die Geschäfte, (kein Präsidium!)

§ 28. Militärgerichtsschreiber.

I. Gerichtsschreiber werden beim Reichsmilitärgerichte und beim Stabe eines jeden Gerichtsherrn der höheren Gerichtsbarkeit angestellt. Bei Gerichtsherren niederer Gerichtsbarkeit werden ad hoc geeignete Personen des Soldatenstandes damit betraut, bei Nichtbeamten gemäß MC 110 schriftliches eidesstattliches Gelöbnis.

II. Ausschließung und Ablehnung MC 132.

III. Dolmetscher MC 116 bis 121.

§ 29. Militäranwaltschaft.

I. Nur beim Reichsmilitärgerichte besteht eine Militäranwaltschaft: ein Obermilitäranwalt und mehrere Militäranwälte; nicht richterliche Beamte. Befähigung zum Richteramte erfordert. — Ernennung MC 107.

II. Bureaukratische Behörde; der Obermilitäranwalt untersteht dem Präsidenten des Reichsmilitärgerichts, die Militäranwälte dem Obermilitäranwalte; vgl. MC 105.

§ 30. Verteidigung.

I. Zulassung ev. Bestellung von Amtswegen: 1. aktive Offiziere 2c., 2. Kriegsgerichtsräte und die bei Militärgerichten beschäftigten Assessoren und Referendare (Praktikanten), 3. nichtrichterliche obere Militärbeamte (im Felde und an Bord auch untere), 4. Personen des Beurlaubtenstandes im Offizierrange, 5. Rechtsanwälte, welche die oberste Militärjustizverwaltung nach Maßgabe des Bedürfnisses [„mehrere"] und nach Befragung der Anwaltskammer ernennt. Von sehr großer Bedeutung MC 341_4: jeder deutsche Anwalt ist in gewissen Fällen und unter bestimmten Voraussetzungen zuzulassen.

II. Vor den Standgerichten überhaupt keine Verteidigung.

III. Verteidiger: erst nach Abschluß des Ermittlungsverfahrens in Thätigkeit. MC 337; Rechte des Verteidigers MC 345, vgl. auch MC 344.

2. Kapitel:

Verfahren.

§ 31. Allgemeine Grundsätze. Beweis.

I. Anklageform, aber nicht Anklagegrundsatz.

II. Mündlichkeit, Unmittelbarkeit; aber MC 388, 392 für Berufungsinstanz.

III. Anfechtbare Entscheidungen und Verfügungen sind mit Gründen zu versehen MC 136; Bekanntmachung, Zustellung MC 137 bis 145.

IV. Beweisaufnahme folgt der Vernehmung des Angeklagten MC 298.

1. Allgemeines: Ablehnung von Beweisanträgen durch Beschluß, Erweiterung des Beweisumfanges auch von Amtswegen; in Sachen niederer Gerichtsbarkeit (auch in Berufungsinstanz) bestimmt einzig das Gericht den Umfang des Beweises, sonst (also Kriegsgericht in erster Instanz, Oberkriegsgericht, Reichsmilitärgericht) sind alle gestellten und geladenen Zeugen und Sachverständigen zu vernehmen, sowie alle sonstigen Be-

weismittel zu verwenden, aber Ausnahme hiervon MC 299; des weiteren MC 300 bis 311.

2. Beweismittel: a. Aussagen des Beschuldigten MC 171 bis 173; b. Zeugen MC 185 bis 207 im allgemeinen wie im C, besonders hervorzuheben: Zeugen werden nach ihrer Vernehmung einzeln beeidigt (Nacheid MC 196), auf einstimmigen Gerichtsbeschluß darf Beeidigung unterbleiben in zwei Fällen: α. wenn die Aussage offenbar unglaubwürdig erscheint, gleichviel ob Beeidigung beantragt ist oder nicht, β. wenn Aussage unerheblich erscheint und kein Antrag auf Beeidigung gestellt ist MC 299_4; — c. Sachverständige MC 208 bis 221 wie im C; d. Augenschein MC 222 bis 228, ebenso wie im C; e. Urkunden MC 303 bis 310, insbesondere ist statthaft, militärische Leumundzeugnisse zu verlesen. [Vgl. hierzu Grundriß Band 16.]

§ 32. Untersuchungshandlungen. Zwangsmaßregeln.

I. Vernehmung des Beschuldigten MC 171 bis 173, Offiziere ꝛc. haben im Dienstanzuge, Soldaten vom Feldwebel abwärts im Ordonnanzanzuge zu erscheinen. Zu unterscheiden: aktive Soldaten werden „gestellt“ (verhaftete: vorgeführt; Mütze, ohne Seitengewehr), andere Personen, auch Militärbeamte werden geladen.

II. Einstweilige Enthebung vom Dienste, Verhaftung; vorläufige Festnahme MC 174 bis 184.

III. Zeugenvernehmung MC 185 bis 207; Zuziehung von Sachverständigen MC 208 bis 221, hier ist darauf hinzuweisen, daß — im Gegensatze zum C — die Besichtigung der Geburtsteile [wohl: Geschlechtsteile] verletzter Frauenspersonen gemäß Ausführungsbestimmung zu MC 209 auch durch beeidigte Hebamme erfolgen kann, ev. Aerzte; „bei derartigen Untersuchungen soll regelmäßig der Untersuchungsführer nicht zugegen sein, wie überhaupt das Schamgefühl auch bei männlichen Personen möglichst zu schonen ist;“ die gut gemeinte Vorschrift giebt bei Entscheidungen um Leib und Leben das Urteil von dem dazu gesetzlich Berufenen in die Hand eines Laien, eines oder gar einer Sachverständigen; — Augenscheineinnahme, Leichenschau, Leichenöffnung MC 222 bis 228; Beschlagnahme und Durchsuchung MC 229 bis 242.

§ 33. Ermittelungsverfahren.

I. Aktive Soldaten erstatten Anzeige im Dienstwege, Militärbeamte bei der vorgesetzten Behörde des Beschuldigten, andere Personen entweder bei vorgesetzten Dienstbehörde des Beschuldigten oder bei Staatsanwaltschaft oder Polizei; Strafantrag ist bei Antragsdelikten: a. bei Staatsanwalt oder Gericht schriftlich oder zu Protokoll, b. sonst: schriftlich zu stellen. Vgl. MC 153 bis 155.

II. Gerichtsherr ordnet Ermittelungsverfahren an, um Sachverhalt zu erforschen, selbst dann, wenn Beschuldigter gesteht. — MC 156 bis 170.

III. Abschluß des Ermittelungsverfahrens durch selbständige Entschließung des Gerichtsherrn; Erhebung der Anklage durch Anklageverfügung des Gerichtsherrn; [diese Anklageverfügung entspricht dem Eröffnungsbeschlusse C 201, nicht der staatsanwaltschaftlichen Anklageschrift.] MC 243 bis 260.

§ 34. Hauptverhandlung.

I. Vorbereitung: Zusammentritt des Gerichtes auf Befehl des Gerichtsherrn durch Berufung der Richter im Dienstwege; Gerichtsherr bestimmt Ort und Zeit der Verhandlung, lädt [aber hier nicht zulässig, daß Angeklagter unmittelbar lädt, wie C 219, 221] und schafft Beweismittel herbei; Gerichtsherr kann noch jetzt Anklageverfügung zurücknehmen. — Vgl. MC 261 bis 272.

II. Hauptverhandlung in Abwesenheit des Gerichtsherrn, in ununterbrochener Gegenwart der Richter, des Vertreters der Anklage (welcher wechseln darf), eines (nicht: desselben) Gerichtsschreibers; — Unterbrechung der Verhandlung; Abwesenheit des Angeklagten; richterliches Fragerecht; Oeffentlichkeit; Sitzungspolizei. MC 273 bis 293.

III. Gang der Hauptverhandlung: 1. Aufruf des Angeklagten, Verteidigers, der Zeugen und Sachverständigen; 2. Verlesung der Namen der Richter durch den Vorsitzenden und Hinweis auf Ablehnungsrecht; 3. Beeidigung der nicht-ständigen Richter, und damit Bildung des Gerichtes; 4. Abtreten der Zeugen (gewöhnlich: nach Ermahnung zur Wahrheit und Befragung über ev. Unfähigkeitsgründe); Sachverständige und Dolmetscher bleiben; 5. Vernehmung des Angeklagten zur Person; 6. Anklagevertreter verliest Anklageverfügung (nicht etwa Anklageschrift); 7. Angeklagter wird zur Sache vernommen; 8. Beweisaufnahme MC 298 bis 310; immer ist der Angeklagte zu hören MC 311, diese Vorschrift ist nur instruktionell; 9. Plaidoyers, Angeklagter hat das letzte Wort MC 312; 10. Urteilsverkündigung; Urteil darf nur lauten: entweder Freisprechung oder Verurteilung oder Einstellung (besonders bei Fehlen des erforderlichen Antrages, Verjährung, Vorliegen eines reinen Disziplinarvergehens).

III. MC 315 bis 336.

IV. Verteidigung MC 337 bis 348.

V. Verfahren gegen Abwesende MC 356 bis 362.

§ 35. Strafverfügung.

Durch schriftliche Strafverfügung des Gerichtsherrn, unterzeichnet von diesem und einem Gerichtsoffizier (bezw. Kriegsgerichtsrate), kann nach vorherigem Ermittlungsverfahren wegen Uebertretung Strafe festgesetzt werden; diese Strafe darf nicht höher sein als 14 Tage Haft oder Geldstrafe (ev. bis 14 Tage Haft bei Nichtbeitreibbarkeit) ev. auch Einziehung. Ordentliches Verfahren bei Bedenken wegen des zu geringen Strafmaßes. Einspruch binnen einer Woche beim Gerichtsherrn. — MC 349 bis 355.

§ 36. Ordentliche Rechtsmittel.

I. Rechtsbeschwerde: gegen Beschlüsse und Verfügungen in den achtzehn Fällen, wo sie in der MC ausdrücklich zugelassen ist. Fristen: a. ein Tag MC 130_4, 121, 210; 132; b. drei Tage MC 149; 238_4; 269_3; 385_2; c. eine Woche MC 217; 247_2; 290_5; 328_2; d. vierzehn Tage MC 247_2; e. vier Wochen MC 470, 471; f. keine Frist MC 175_2; 204, 208, 213, 299_3; 205, 208; 230_2; 341_4; 461_4; 464_4. — Vergleiche MC 374 bis 377.

II. Berufung ist Anfechtung eines erstinstanzlichen Urteils der Standgerichte und der Kriegsgerichte sowohl in rechtlicher als in thatsächlicher Beziehung. [Gegen Berufungsurteile der Kriegsgerichte giebt es kein ordentliches Rechtsmittel.] Sowohl Gerichtsherr als Angeklagter können Berufung einlegen. MC 380 bis 396.

III. Revision: gegen Urteile der Oberkriegsgerichte, außer soweit diese die in MC 15 bezeichneten causae minores betreffen. Frist zur Einlegung (nicht aber zur Begründung) eine Woche. Revision darf sich nur darauf stützen, daß Urteil auf Gesetzesverletzung beruhe. MC 400 bis 415.

IV. Keine Berufung, keine Revision gegen Urteile der Feld- und Bordgerichte MC 419 bis 435.

§ 37. Wiederaufnahme.

In gewissen Fällen kann zu Gunsten (MC 436) oder zu Ungunsten (MC 438) auf Antrag das Reichsmilitärgericht zulassen, daß ein bereits rechtskräftig entschiedenes Verfahren wieder aufgenommen werde, MC 439 bis 449.

§ 38. Bestätigung.

I. Die durch ordentliche Rechtsmittel (Berufung, Revision) nicht mehr anfechtbaren Urteile werden mit einer Bestätigungsorder versehen. (Rechtskraftattest, Vollstreckungsklausel!) Milderung statthaft, vgl. Ausführungsbest. zu MC 418, Nr. 5. Drei Formen der Order: a. „Ich bestätige, daß das Urteil rechtskräftig geworden ist"; b. bei Verurteilung: „Ich 2c." wie zu a, und dann Zusatz: „Das Urteil ist zu vollstrecken". c. bei Milderung der Strafe: „Ich mildere die Strafe auf...."

II. Keine Bestätigung der Strafverfügung.

III. Andere Bedeutung und Handhabung der Bestätigung bei Urteilen der Feldgerichte; MC 420 bis 434.

§ 39. Strafvollstreckung.

I. Für Vollstreckung militärgerichtlicher Urteile ist maßgebend die Bestätigungsorder, für die der Strafverfügungen und der bürgerlichen Urteile der Inhalt.

II. Derselbe Gerichtsherr, von welchem Anklageverfügung ausgegangen ist, ordnet Strafvollstreckung an MC 451.

III. Vgl. MC 452 bis 464; Todesstrafe durch Enthauptung wird von den bürgerlichen Behörden vollstreckt.

§ 40. Entschädigung.

Das Reichsgesetz, betreffend die Entschädigung der im Wiederaufnahmeverfahren freigesprochenen Personen, vom 20. Mai 1898 (Reichsgesetzblatt 1898, S. 345) findet nach Maßgabe von MC 465 bis 468 auf die im militärgerichtlichen Verfahren verurteilten Personen Anwendung.

§ 41. Kosten.

I. Prinzipiell Kostenfreiheit für die Kosten des militärgerichtlichen Verfahrens und der durch die Militärbehörden bewirkten Strafvollstreckung; ausgenommen: Kosten wegen Wahlverteidigung.

II. Kosten der Strafvollstreckung durch bürgerliche Behörden trägt der Verurteilte MC 469_3.

III. Wenn wider besseres Wissen oder grob fahrlässig Anzeige erstattet wird, dann können dem Denunzianten Kosten auferlegt werden MC 470; ähnlich die Antragsdelikten MC 471.

3. Kapitel:

§ 42. Militärjustizverwaltung.

I. Organe: a. Präsident des Reichsmilitärgerichts über das Reichsmilitärgericht und die Militäranwaltschaft, b. Reichskanzler (Reichsmarineamt) über Marine, c. Kriegsministerien ꝛc. in den übrigen Fällen.

II. Aufgabe: Aufsicht über die Ausübung der Militärstrafgerichtsbarkeit, z. B. Prüfung von Beschwerden gegen die Geschäftsführung, Kontrolle der Amtsthätigkeit, MC 112; auch Erledigung der Beschwerden über verweigerte Rechtshilfe EMC 11.

III. Aktenrevision bzl. der Urteile MC 113.

3. Abteilung:

Disziplinarstrafrecht.

§ 43. Für das Heer.

I. Disziplinarstrafordnung für das Heer vom 31. Okt. 1872.

II. Umfang der Disziplinarstrafgewalt: 1. Handlungen gegen militärische Zucht und Ordnung und gegen die Dienstvorschriften, welche keine Strafbestimmungen enthalten; 2. die in EMS 3 genannten leichteren Fälle, vgl. w. o. S. 5.

III. Disziplinarstrafen:

1. für Offiziere: Verweis (einfach — förmlich — streng), Stubenarrest bis zu 14 Tagen;

2. für Unteroffiziere: Verweis (einfach — förmlich — streng), Dienstthun außer der Reihe (Rapportstrafe unzulässig), Arrest (Quartier-, Kasernen-, gelinder Arrest bis zu 4 Wochen; mittlerer, aber nicht gegen Unteroffiziere mit Portepee);

3. für Gemeine: kleinere Disziplinarstrafen, Arrest; insbesondere für Gefreite Entfernung der Charge, für Soldaten zweiter Klasse Versetzung in Arbeiterabteilung.

IV. Disziplinarstrafgewalt ist nicht an Charge, sondern an Funktion geknüpft, steht also auch dem Stellvertreter zu; sie steht dem Militärbefehlshaber (§§ 5 bis 21) und den Vorgesetzten im Sanitätskorps (§ 22) zu; — auch über Militärbeamte.

V. Ausübung der Strafgewalt: unparteilich, schonend, unter Rücksicht auf individuelle Verhältnisse; — Vollstreckung möglichst sofort.

VI. Beschwerde: a. durch den Vorgesetzten, oder b. nach der Vollstreckung durch den Bestraften selbst. Unbegründete Beschwerden werden entweder gemäß MS 152 oder disziplinarisch bestraft.

§ 44. Für die richterlichen Militärjustizbeamten.

I. Gesetz, betreffend die Dienstvergehen der richterlichen Militärjustizbeamten und die unfreiwillige Versetzung derselben in eine andere Stelle oder in den Ruhestand, vom 1. Dezember 1898.

II. Dienstvergehen: a. Verletzung der Amtspflicht; b. nichtwürdiges Verhalten in oder außer dem Amte.

III. Wegen geringerer Vergehen: Mahnungen; sonst: Disziplinarstrafen, nämlich: Warnung, Verweis, Geldstrafe, Strafversetzung, Dienstentlassung.

IV. Disziplinargerichte; erste Instanz: Disziplinarkammern (5 Mitglieder: Oberkriegsgerichtsräte ev. noch Kriegsgerichtsräte; Sitz: Ort des Generalkommandos); zweite Instanz: der Disziplinarhof beim Reichsmilitärgerichte (mindestens sieben; wird gebildet aus den juristischen Mitgliedern des Reichsmilitärgerichtes). — Für die juristischen Mitglieder des Reichsmilitärgerichtes ist der Disziplinarhof erste und letzte Instanz. — Verfahren §§ 15 bis 29.

V. Anklage erhebt beim Disziplinarhofe der Obermilitäranwalt, sonst ein für jeden einzelnen Fall von der obersten Militärjustizverwaltungsbehörde zu benennender Kriegsgerichtsrat.

FSC
www.fsc.org
MIX
Papier | Fördert gute Waldnutzung
FSC® C083411

Kolibri 360 GmbH
Ferdinand-Jühlke-Straße 7
99095 Erfurt, Deutschland
produktsicherheit@kolibri360.de